Flamman – Djurräddaren

Flamman och Musen

Anna-Stina Johansson

Denna bok är tillägnad de underbara mössen och alla andra fantastiska små varelser. Må det komma en dag när allt folk visar dessa vackra varelser respekt och medkänsla.

Flamman – Djurräddaren

Flamman och Musen

Det var sent en vinterkväll och jag kunde inte sova. Jag gick upp och ställde mig vid fönstret och beundrade den stora, vita, vackra fullmånen. Termometern visade minus 38 grader! Brr, vad kallt. Tur att jag inte har så lätt för att frysa, tänkte jag och log. Det är värre för djuren. Då fick jag syn på något litet och mörkt på snön en bit från huset. Jag skyndade mig ut. När jag kom fram såg jag att det var en liten skogsmus.

Han var medvetslös och andades mycket svagt. Jag la min högra hand på honom och sa:

"Vakna, vakna, vakna!"

Skogsmusen kom långsamt till liv igen och log mot mig.

- Tack, du har räddat mitt liv!

Jag log tillbaka och sa:

- Inga problem. Jag räddar djur, sådan är jag.

Jag tog upp den lille krabaten i famnen för att värma honom och frågade hur det kom sig att han var medvetslös. Skogsmusen berättade att han hade bott nära ett stall. Människorna där gillade inte möss, så de hade lagt ut råttgift. Hela hans familj och alla hans vänner hade dött. Det var bara han som överlevde. I sin stora sorg och saknad gick han rakt ut i skogen med ett enda mål i sikte och det var att komma så långt bort från människorna som möjligt. Till slut hamnade musen utanför mitt hus.

Det var länge sedan han hade ätit, dessutom gjorde också kylan och utmattningen att han blev medvetslös. Vilken liten stackare, tänkte jag och berättade för honom om Gränslandet. Jag frågade om han ville att jag skulle följa honom dit. Skogsmusen blev glad och svarade självklart ja. Jag bar honom till några granar som stod tätt tillsammans och satte ner honom där.

- Här är det en aning varmare. Stanna här medan jag hämtar lite mat till dig.

När jag kom in i huset tog jag fram ryggsäcken. I den la jag en filt, en bit frukt och ett stycke av en saftig limpa och gick sedan ut till min lille vän. Han åt upp frukten med en gång och sedan knaprade han lite på brödet.

När han var mätt bäddade jag ner musen i filten. Bredvid la jag resten av brödet så att han kunde knapra på brödet när han kände sig hungrig. Givetvis lät jag locket på ryggsäcken vara öppet så att han kunde se vart vi gick. Jag tog på mig ryggsäcken och vi började vandringen mot Gränslandet.

Det var en otroligt vacker natt. Den stora, runda fullmånen lyste upp vinterlandskapet. Alla backar och dalar såg mjuka ut i skenet. Stjärnorna lyste starkt och klart på den sammetsmörka himlen. Skogsmusen undrade om jag kunde lära honom några stjärnbilder och självklart gjorde jag det. Jag sa att stjärnbilden som ser ut som en stor vagn heter Karlavagnen och den som ser ut som en liten vagn heter Lilla björn.

Stjärnorna som bildar ett "W" heter Cassiopeja.

Medan jag lärde min vän namnen på stjärnorna fick vi se norrsken.

Vi stannade en stund och njöt av det fantastiska naturfenomenet. Det var olika färgnyanser, grönt, vitt och lila som rörde sig fram och tillbaka i olika riktningar över hela himlen. Det var ett av det vackraste norrsken som både musen och jag någonsin hade sett. När norrskenet blev mindre började vi gå igen.

Väl framme i Gränslandet tog jag av mig ryggsäcken och satte ner skogsmusen på det mjuka gräset. Jag försäkrade honom att han här var skyddad från alla människor. Han bekantade sig med några andra gnagare. Sedan kom han fram till mig och jag såg att glädjen lyste mot mig ur hans pepparkornsfärgade ögon. Sedan började han leka med sina nya vänner.